AF315121

MÉMOIRE

POUR

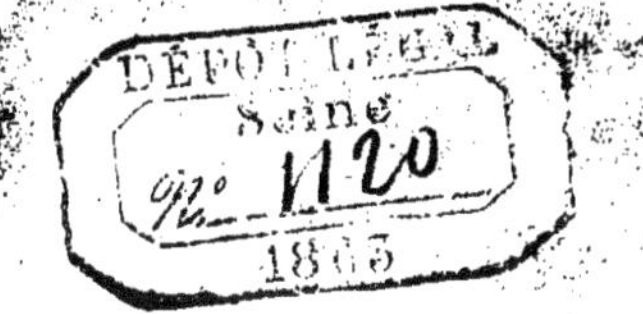

MLLE PAULINE DE MELIN

ARTISTE DRAMATIQUE

CONTRE

MM. FRANCISQUE SARCEY

ET AUTRES.

> « Un feuillet de nos lois est un bouclier suffisant contre une nuée de plumes empoisonnées. »
> (*Discours de rentrée de la Cour de Berlin.*)

PARIS

CHEZ LEDOYEN, LIBRAIRE
GALERIE D'ORLÉANS, 31
PALAIS-ROYAL

1863

La presse a dit : Je suis un sacerdoce; elle a déclaré aussi qu'elle formait un tribunal.

M. Jules Noriac, un juge littéraire, classé parmi les plus honorables, a proclamé que la ligne de conduite du journalisme est de ne prendre la parole que lorsque sa « RELIGION *est suffisamment éclairée.* »

Le 6 octobre 1862, M. Sarcey, homme considérable, sollicite de ses confrères une bienveillante indulgence en faveur des débutants; il fait comprendre en très-bons termes qu'il faut qu'un artiste soit familiarisé avec un rôle en le jouant plusieurs fois, avant que la critique ait le droit de le juger. En l'entendant parler de la frayeur inséparable d'un début, on croirait qu'il a lui-même passé par cette épreuve, et que, se conformant au précepte d'Aristote (*a*), il a été quelque peu comédien avant de se poser en juge des comédiens.

Quinze jours auparavant, le 19 septembre (toutes ces dates ont leur importance), M. Sarcey promettait dans une lettre (*b*) sa bienveillance pour Mlle de Melin, débutante qu'il avait *vue* et *entendue* le 23 mars 1862 dans le rôle de Roxane.

Voilà les principes posés, le point de départ fixé; voyons les déductions pratiques de la presse, et d'abord l'ordre et la marche de M. Sarcey.

Le 19 octobre, cet homme aux théories d'indulgence et aux promesses de bienveillance rédige et signe l'arrêt qu'on va lire, arrêt qui a porté un coup grave à la santé de Mlle Pauline de Melin, et un coup mortel à son existence d'artiste. Voici comment il est bienveillant envers une débutante qu'il déclarera plus tard (le 25 octobre) ne pas connaître et voir pour la première fois.

ARRÊT SARCEY :

« Mlle Pauline de Mellin jouait Andromaque (le 11 oc-
« tobre). Mlle Pauline de Mellin a beaucoup fait parler
« d'elle; elle a eu des procès avec son directeur; elle a
« menacé de l'huissier un de nos confrères qui avait criti-
« qué son jeu. Ces moyens sont bons pour attirer l'atten-
« tion du public; mais on ne la garde qu'avec du talent.
« Mlle Pauline de Mellin n'a pas même celui d'une écolière
« de troisième ordre.

« Signé : FRANCISQUE SARCEY. »

Or, voici les faits : Mlle de Melin a répété pour la première fois le rôle d'Andromaque le 20 octobre; elle ne devait le jouer que le 24, et c'est à l'occasion d'une représentation ayant eu lieu le 11 octobre que M. Sarcey attaque la valeur artistique d'une femme qui n'y figurait pas.

Mlle de Melin vient à l'Odéon le lundi 20 octobre, y répète le rôle d'Andromaque, et, après cette répétition, on lui passe charitablement l'article de *l'Opinion nationale* qui menace de briser sa carrière.

Rentrée chez elle, dans un état de souffrance qui eût ému M. Sarcey lui-même (c), elle reçoit les secours de M. le docteur Dunand et les miens. Nous constatons une alternative de prostration et d'exaltation voisine du délire. « Mais qu'ai-je donc fait à ces gens-là? Pourquoi donc m'étouffent-ils, moi qui adore mon art et ne hais personne ? Cependant j'ai été bonne pour leurs confrères, quand mes faibles ressources me l'ont permis ! »

Ce que Mlle de Melin avait fait, je vais le dire.

Un homme de lettres, confrère, mais non flatteur, de MM. Biéville et Sarcey [1], était très-malade. Écrivain d'un talent hors ligne et d'une probité exemplaire, doué d'une science et d'un tact littéraire notoires, Darthenay se trouvait dans le besoin. Il y a six semaines, tous ont fait son panégyrique : *il était mort!* Mais quel être humain a cherché à découvrir sa pauvre demeure et à lui porter ce qui allége les souffrances d'un moribond? — C'est une *cabotine,* suivant l'appellation polie de M. Albert Wolff, c'est Mlle de Melin.

Oui, il y a cinq mois, peu de jours avant vos diatribes contre cette pauvre artiste, elle partait pour aller emprunter la somme qui devait soulager ce loyal journaliste de qui elle ne devait rien attendre, puisque sa main paralysée ne pouvait plus tenir une plume.

Oui, elle lui portait les seules choses que son estomac ruiné acceptait; oui, elle lui envoyait le vin généreux que le docteur Lépine ordonnait! J'ai à votre disposition, messieurs les journalistes qui avez, moyennant tant la ligne, déblatéré contre les histrions et cabotins ingrats envers

---

[1] Voyez *l'Écho des Théâtres,* 27 octobre 1861, 29 janvier 1862, etc.

Darthenay, les *écrits* de cet honnête type d'homme de lettres, et entre autres une lettre, écrite quatre jours avant sa mort, dans laquelle il dit : « *Mlle Pauline est un noble cœur*, remerciez-la. »

Un second fait.

M. C.........., parent du rédacteur-gérant qui a refusé à Mlle de Melin la rectification officieuse qu'elle demandait et l'insertion de ses réponses signifiées, s'est trouvé, il y a six mois, dans une gêne affreuse par suite de la faillite d'un éditeur de la rue de Beaune. On le poursuivait. Une somme de 2,000 francs fut trouvée par Mlle de Melin sur la garantie de ses modestes propriétés, et le littérateur, père de famille, a repris ses travaux. Il remboursera probablement les billets qui sont dans l'étude de Me G.....; mais en attendant, comme les attaques de MM. Sarcey et autres ont détruit le crédit d'avenir de Mlle de Melin, elle se voit forcée d'aliéner le reste de son petit patrimoine; ses fournisseurs mêmes ont voulu être soldés en dehors du temps ordinaire. Voilà le fruit des plumes espiègles.

Suivons.

Le 18 juin 1859, une compatriote de Mlle de Melin envoie son mari, le savant chimiste docteur B...., qui demeurait alors avenue de Neuilly, n° ..., pour remplir un message chez sa compatriote.

Celle-ci le prie à déjeuner; M. B..... refuse, et, sur de nouvelles instances selon les coutumes hospitalières de Franche-Comté, il avoue naïvement qu'il est saisi à la requête du banquier Baudrier, à qui il doit; que sa fabrique a été incendiée; que l'huissier Lecler, rue Saint-Martin, n° 229, lui a envoyé l'affiche fatale, et qu'il ne peut que nous faire une triste figure comme convive.

L'artiste m'appelle à part : « Voici deux cents francs, »
me dit-elle; « ajoutez le reste. Il faut que ma compatriote
« garde ses meubles! » — Ainsi fut fait. J'ai toujours les
pièces, que m'a remises l'huissier Lecler.

Il y a trois ans, Mme C..... R..., petite-nièce d'un séna-
teur du premier empire, sortant de Saint-Roch avec Mlle de
Melin, fut prise d'une défaillance.... la faim! M^e de Br..,
qui occupait gratuitement pour elle dans une instance,
pendant qu'une fille pieuse, Thérèse, dont je regrette de
ne pas savoir le nom, la servait aussi gratuitement, me
disait, il y a quelques jours, qu'il n'avait pas connu toutes
les angoisses de cette noble femme, la baronne R....
Mme C..... R... habitait rue de Rivoli, n°... Un jour,
elle me fit remettre par Mlle Pauline de Melin une lettre
empreinte de la plus courageuse résignation d'une femme
qui veut gagner un pain honnête.

« Ce matin, m'écrivait-elle, je vous ai tant parlé de
mon mari que j'ai oublié de vous entretenir de moi : je
me regarde comme un détail quand je pense à ceux que
j'aime. Cependant il y a des besoins matériels à satisfaire,
et j'en suis arrivée à ne plus trop savoir que devenir. On
me donnait le conseil, il y a quelques jours, de tâcher
d'avoir des copies à faire; en soignant mon écriture, je
puis la rendre très-lisible...
« Sachez donc où on prend de ces copies, obtenez-
m'en! Le carême est un temps d'aumône, ce sera une
grande charité que vous ferez là! Mille bonnes amitiés à
Pauline, et à vous mes compliments.

« CÉLINE. »

Les hommes n'ont pas grande vivacité dans les actes
de charité; ils la pratiquent *adagio*, le *brio* appartient à

la femme. En repliant la lettre de la nièce de l'illustre B........., j'assurai à Mlle Pauline que j'allais m'enquérir de copies pour son amie. « En chercher! me répondit-elle, j'en ai trouvé. En voici pour un mois! » Et elle me présentait un in-quarto qu'elle prenait sur un rayon.

Mlle de Melin, avec une inspiration spontanée, réminiscence, peut-être, de son noviciat chez les sœurs hospitalières, avait sur-le-champ imaginé de donner à copier à Mme R... des rôles... de tragédie. Ce travail inutile, on le comprend, sauvegardait la délicatesse de la pauvre isolée (son mari cherchait à se refaire une position en Amérique). Elle vint chaque matin toucher sa banque et partager le léger repas, diminué de ce qui était *payé* pour la copie.

« Sans cette bonne Pauline, dit un jour en ma présence la baronne rentrée dans l'aisance à un ancien envoyé français au Mexique, je serais morte de faim. »

Voilà la femme qui a été traitée *crûment*, comme on l'a vu, et qui, comme on va le voir, n'a pas pu obtenir la rétractation, en *temps utile* et en *lieu utile*, d'espiègleries et de vivacités qui ruinent son avenir, 1° dans la pensée des directeurs qui ne l'ont pas entendue, 2° dans l'opinion du public, dont l'appréciation a été d'avance captée, 3° dans le jugement des critiques, qui seront, par ces espiègleries de M. Sarcey, détournés de venir asseoir leur opinion *de visu et auditu*.

ESSAIS INFRUCTUEUX

POUR OBTENIR UNE RÉTRACTATION EFFICACE.

Revenons au 20 octobre. Mlle de Melin se jugeait ruinée dans toutes ses espérances de réputation ou renommée et d'avenir; elle voyait se réaliser le pronostic de l'excellent ami Albéric Second, qui lui faisait dire le 22 septembre 1862 : « Si vous répondez au *Siècle,* vous deviendrez une CIBLE. (Historique.) » Les médecins trouvaient l'état de l'artiste, insultée audacieusement (je ne dis pas valeureusement), fort grave. Afin d'obtenir une rémission dans l'accès, moi, je pris la liberté grande d'écrire deux mots pour que l'insulteur ne pût pas arguer d'ignorance. J'avais demandé toutefois auparavant, au bureau du journal, où il demeurait depuis qu'il avait quitté le passage Saulnier, à l'occasion de *Gaétana.* On ne put pas me le dire. Ces deux mots disaient vivement ce que je devais penser de l'attaque de M. Sarcey. J'aurais menti moi-même, si j'avais supposé une méprise ou une erreur de la part d'un homme de théâtre, de la part d'un critique de profession qui, le 23 mars 1862, avait vu deux heures durant Mlle de Melin jouer Roxane, lui étant placé à côté de moi dans ma baignoire, très-proche de la scène, et où je lui avais donné place. M. Sarcey savait donc bien, selon moi, que ce n'était pas la même artiste, qu'il avait vue dans Roxane en mars 1862, qui jouait Andromaque le 11 octobre 1862. Ces deux femmes, qu'il affecte de confondre afin de pallier son tort, n'ont pas la moindre analogie ; et les lecteurs de *l'Opinion nationale* seraient nourris d'une piètre chronique théâtrale si de telles erreurs pouvaient être commises par un de leurs fournisseurs d'opinions toutes faites. D'un autre côté, M. Sarcey, tout champion dévoué qu'il se montre pour son confrère du *Siècle,* est trop honnête homme pour ne pas avouer en justice qu'il a entendu Mlle de Melin jouer Roxane à Belleville, et qu'il la connaissait le 11 octobre 1862.

Ces deux mots, ou cette note, devaient surabondamment éclairer l'homme qui avait attaqué « *crûment* » l'existence d'une pauvre femme ; M. Sarcey les qualifie de lettre injurieuse de Mlle de Melin, à qui nous n'avons même pas lu cette note, que j'ai écrite. M. Sarcey prend au sérieux son sacerdoce littéraire. Pris en flagrante imposture, il dit qu'on l'injurie, parce qu'on lui demande une rétractation.

Auprès de M. Ad. Guéroult, gérant et chef des rédacteurs de *l'Opinion nationale,* deux démarches furent faites par Mlle Pauline de Melin, qui, ne pouvant *obtenir audience,* malgré rendez-vous pris le 21 pour le 22 octobre, lui écrivit deux suppliques, en lui rappelant qu'elle débutait le 24, et que la rectification était urgente.

Est-ce qu'un préteur s'occupe de petites gens? *De minimis non curat prætor.* L'artiste insultée et décriée par un homme qui se plaisait à lui laisser aborder une grande et difficile épreuve sous l'impression humiliante et décourageante répandue par son article copié plus haut, et de tout point contraire à la vérité, l'artiste aux abois appela la loi protectrice à son aide et réclama par huissier l'insertion de sa réponse. *L'Opinion nationale* ne se soucia pas plus de la légalité que de la vérité; elle ne voulut pas publier cette réponse. Elle se borna à publier *trop tard* (le 25 octobre) que Mlle de Melin (qui jouait le 24 le rôle d'Andromaque) avait été désignée par erreur comme ayant été mauvaise dans ce rôle le 11 octobre.

Et M. Sarcey eut l'audace de déclarer ceci : « *L'Entr'acte du samedi onze octobre* (n° 284) porte le nom de Mlle Pauline de Mellin. » — « Je déclare que *l'Entr'acte* m'a trompé; Mlle de Mellin ne jouait pas ce soir, etc. Mais voyant dans le rôle d'Andromaque une débutante que je ne connaissais pas, je dus la prendre et je la pris pour Mlle Pauline de Mellin. » Puis l'*impartial* critique ajoute qu'il ne veut pas nommer l'artiste qui jouait, parce que c'est exclusivement Mlle de Mellin qu'il voulait traiter aussi « CRUMENT, » et que c'est *avec elle* seule qu'il ne se croit obligé à aucun ménagement.

Voyez *l'Opinion nationale* du samedi 25 octobre, et vous jugerez à votre tour le juge littéraire Sarcey !

EXAMEN DE LA JUSTIFICATION SARCEY.

Si M. Sarcey avait réellement lu dans le programme du n° 284 de *l'Entr'acte*, 11 octobre, que Mlle Melin jouait Andromaque, cela ne le justifierait pas de l'avoir « crûment » décriée et traitée (une débutante !) sans ménagement, comme il le confesse.

Cela ne le justifierait pas non plus d'avoir refusé la rectification efficace d'une erreur si dommageable, rectification que la simple probité prescrivait non-seulement de faire sur le champ pour qu'elle fût bien répandue avant le début du 24 octobre, mais en outre de réitérer dans le feuilleton théâtral du lundi suivant, puisque M. Sarcey sait que des milliers de lecteurs (directeurs, acteurs, hommes de lettres), s'intéressant aux choses de théâtre, ne lisent les journaux que le lundi.

Cela ne le justifierait pas enfin d'avoir violé la loi qui consacre le droit de réponse.

Mais je vais bien plus profondément pour saper le système de circonstances atténuantes que plaide M. Sarcey : IL N'EXISTE PAS D'ENTR'ACTE PORTANT LE N° 284 ; c'est là une invention de *l'Opinion nationale*.

En outre, le programme donné par *l'Entr'acte* du matin 11 octobre ne porte pas le nom de Mlle Pauline de *Mellin* comme jouant Andromaque, mais bien P. de *Mélin* jouant Hermione. Le programme ou la distribution, pour nous servir du terme employé par *l'Entracte* (d) dans ses essais mal réussis de justification (car tous ces messieurs cherchent maintenant à se laver depuis que la justice est appelée à décider si de telles espiègleries ou gentillesses, esquissées entre le cigare et le café, peuvent impunément

détruire le fruit de longues études et de larges dépenses),
le programme ou la distribution désigne clairement
Mlle Duguerret comme jouant Andromaque le 11 octobre.

Cette artiste, au surplus, est loin d'avoir été mauvaise
comme l'a affirmé M. Sarcey, qui jusqu'aujourd'hui (e) a
refusé de dire que c'est elle qui jouait le rôle d'Andromaque le soir où, selon son article diffamatoire, Mlle de
Melin l'avait joué si mal qu'elle ne méritait pas de garder
l'attention du public. Et une preuve de ce que j'avance,
c'est que depuis ce jour M. Sarcey a saisi chaque occasion pour faire l'éloge du talent de Mlle Duguerret, par
exemple, dans le rôle de Latone et dans une récitation
aux Beaux-Arts.

Est-il maintenant un homme sensé qui refusera de
reconnaître que M. Sarcey savait que Mlle de Melin, con-
nue de lui, n'était pas la personne jouant Andromaque le
11 octobre 1862 à l'Odéon; que l'invention du n° 284 de
l'Entr'acte est un fait affligeant pour le journalisme; que
l'acharnement de MM. Sarcey et autres dont le tour vien-
dra est peu digne?

Enfin sont-elles bien propres à attirer la considération
sur leurs fauteurs, ces affirmations coalisées du *Figaro-
Programme*, de *l'Entr'acte*, du *Charivari*, du *Temps*, de
l'Opinion nationale, etc., qui tendent à prouver, à force
de le redire, que Mlle de Melin a le ridicule de s'adresser
d'emblée à l'huissier, tandis qu'au contraire elle ne le fait
qu'après que deux ou trois lettres de rectification ont été
repoussées?

Et cette autre coalition qui répète sur tous les tons que
Mlle de Melin se révolte contre la critique, et qu'elle envoie
du papier timbré à quiconque ne la loue pas, comment la
qualifier, puisque le mot mensonge est hors de mode? Je
défie tous les journalistes qui ont avancé cette assertion
fausse de citer, à propos des critiques, une seule phrase

dans les réponses de Mlle de Melin, sinon celle-ci, que *le Siècle* a publiée le 29 septembre dernier :

« Certes M. de Biéville avait parfaitement le droit de
« déclarer que je n'ai aucun talent tragique, et aussi
« d'énumérer en deux colonnes tous les défauts qu'il veut
« bien me trouver. Que les critiques soient aussi acerbes
« que possible, *l'artiste n'a pas le droit de contredire* et
« se contente d'en peser mentalement la valeur. C'est ce
« que j'ai fait. »

Voilà les humbles paroles, les seules, d'une justiciable qui se soumet à la critique ; et M. Sarcey, dans son français spécial, les appelle « des procédés inqualifiables *avec* les représentants de la presse, » procédés qui, dit-il, rendent Mlle de Melin indigne de tout ménagement. M. Pierre Véron, du *Charivari*, avait précédé M. Sarcey, et avait critiqué Mlle de Melin dans un rôle qu'elle a joué ; mais il a confessé, venant à résipiscence, *qu'il ne l'y avait jamais vue*. M. Ulbach s'est joint au bataillon, et cela n'a pas rendu son *Doyen* moins mauvais ; mais il a cru que ses lourdes plaisanteries amuseraient les puissants de l'Odéon !

Il y a, il est vrai, des auteurs que la vanité rend plus féroces encore. M. Ulbach, en persiflant Mlle de Melin, au lieu de faire de la critique honorable, cherchait simplement à protéger son *Doyen*, son premier-né ; mais tel autre auteur, dont le nom fatidique signifie *faiseur de fours*, est venu bienveillamment chez une artiste, l'a entendue, et puis lui a dit en ma présence : « Vous avez bien plus de talent que ...... (il prononça un nom hongrois). Je vous recommanderai à La Rounat. »

Puis, sachant plus tard que tel personnage influent était hostile à Mlle de Melin, il accourut avec ses petites jambes, le 19 septembre, à l'Odéon, par le même train que son confrère du *Siècle*. — On allait baisser le rideau; mais les nabots sont agiles.

Il eut le temps d'aller chez le régisseur,... et de rendre compte de ce qu'il n'avait pas vu. Il critiqua Mlle de Melin.

Le lendemain, son *four* fut *trouvé* meilleur, le personnage influent le rétablit sur l'affiche.

La loi sera plus forte pour le bien, que tout le faisceau des plumes malfaisantes pour l'iniquité.

E. GRÉGOIRE.

NOTES.

(*a*) « Il est très-difficile, sinon impossible, » dit Aristote (*Politica*, VIII), «de devenir un appréciateur capable, un critique « profond, si l'on ne s'est pas soi-même essayé dans l'art que « l'on prétend juger. » Un savant allemand dit avec raison que ces paroles d'or devraient être gravées au-dessus du pupitre de chaque critique.

(*b*)   « Madame la comtesse,

« Il me sera impossible d'aller entendre ce soir Mlle Pauline de Melin ; M. Leroux débute à la Comédie-Française dans le rôle de Tartuffe, et je lui ai promis, depuis bien longtemps, d'assister à cette représentation. La première fois que votre protégée reparaîtra sur la scène, je serai heureux de vous témoigner, madame, de quel prix est votre recommandation près de moi.

« Je vous prie d'agréer, madame, l'assurance de mon profond respect.

« Francisque Sarcey. »

(*c*) « Je, soussigné, médecin de la Faculté de Paris, certifie avoir été appelé le 20 octobre dernier chez Mlle de Melin, rue Bréa, 21.

« Je l'ai trouvée dans un état d'exaltation et d'excitation excessives. Cette situation avait déterminé une congestion vers le cerveau, les mouvements respiratoires étaient très-rapides, le pouls battait violemment. Enfin, ses paroles peu cohérentes étaient voisines du délire, se rattachant toutes à la crainte d'avoir perdu sa carrière d'artiste, par suite de certain article de journal.

« Des dérivatifs, des compresses calmantes sur le front, etc., continués pendant quelques jours, ont amoindri cet état.

« Paris, le 10 novembre 1862.

« Signé T. DUNAND,
« 79, rue Richelieu. »

Le docteur Dunand étant devenu malade, un autre médecin, demeurant rue de la Vieille-Estrapade, 27, le remplaça jusqu'au 26 novembre.

(*d*) *L'Entr'acte* avait été prié le 11 octobre de déclarer que c'était par erreur qu'il avait indiqué Mlle de Melin comme jouant Hermione, et que cette artiste ne figurait pas dans cette représentation du 11. Il s'y refusa, et avoue, le 5 février, avoir reçu cette prière. Mais voici le cas que *l'Entr'acte* fit de la juste réclamation. Le 24 octobre, Mlle de Melin débutait; quelques spectateurs, impatientés d'entendre un individu qui, caché dans un couloir obscur, interrompait les couplets les plus saillants de la débutante, jetèrent ce tapageur hors de la salle. Questionné par un garde de service qui allait l'arrêter, cet homme dit en pleurant : « On m'a chargé de faire du bruit; mais ne m'arrêtez pas, je suis attaché à *l'Entr'acte*. »

(*e*) Si *l'Opinion nationale* n'a pas eu le loisir de faire cette rectification jusqu'aujourd'hui, elle en a eu assez pou rpublier, il y a quelques semaines, qu'une comédienne devait être complète, et qu'il était bien que nos financiers vinssent chez elle laisser leurs bourses, et nos Diderot leur esprit. — Voilà où en est la chronique théâtrale réaliste.

Paris. — Imprimerie de J. CLAYE, rue Saint-Benoît, 7.